죄와 성경

하나님께서는 그곳에서 행복하게 사는
아담과 하와에게 딱 한 가지를 명령하셨어요.

"선과 악을 알게 하는 나무의 열매는 먹지 마라.
먹으면 반드시 죽을 것이다!"

그런데 어쩌면 좋을까요?
아담과 하와는 뱀의 꼬임에 빠져 이 열매를 먹고 말았어요.

"에덴에서 나가거라!"

하나님께서는 여러 가지 벌과 함께
그들을 쫓아내셨어요.
이렇게, 하나님의 명령을 어기고
하나님으로부터 멀어지는 것을
'죄'라고 합니다.

하지만 하나님께서는 아담과 하와를 잊지 않으셨어요.

"너희를 영원한 나의 자녀로 삼을 것이다!"

하나님께서는 한 구원자를 세상에 보내기로 약속하셨답니다.
이 약속의 말씀이 성경이에요.

노아

아담과 하와의 자손들이 늘어날수록 죄도 점점 많아졌어요.
"내가 사람을 괜히 만들었구나!"
하나님께서는 이 세상을 새롭게 시작해야겠다고 결심하셨어요.

"나의 약속을 지킨 노아의 가족만 빼고
모두 물로 심판하겠다!"

하나님께서는 노아에게 커다란 배를 만들게 하셨어요.
이 배를 방주라고 불렀어요.
하나님께서는 방주를 만드는 동안에도
사람들이 돌아오기를 간절히 기다리셨어요.
하지만 사람들은 비웃었지요.

얼마 후,
비는 무섭게 쏟아졌고,
땅의 샘들이 터지기 시작했어요.
물이 점점 차올라 배가 둥둥 떠올랐어요.
방주 밖의 모든 생물들은 다 죽고 말았지요.
방주 안에 있던 노아의 가족들만 살아남았답니다.

"하나님, 감사합니다!"

비가 멈추고 땅이 마르자, 노아의 식구들은
하나님께 감사 기도를 드렸어요.

그러나 그들의 진정한 구원은 아직 오지 않았어요.
그들은 하나님의 약속을 간절히 기다렸답니다.

아브라함과 하나님의 약속

세월이 흘러 사람들이 많아졌어요.
어느 날, 하나님께서는 75세나 된 아브라함을 부르셨어요.

"너는 이곳을 떠나라.
너에게 밤하늘의 별보다 더 많은 자녀를 줄 것이다.
너는 여러 민족의 조상이 될 것이야!"

아브라함이 100세가 되던 해였어요.
"응애! 응애!"
신기한 일이 벌어졌어요.
하나님의 약속대로 아브라함 할아버지에게서
아들이 태어났거든요.

아브라함은 아들 이름을 이삭이라 지었지요.
이삭은 야곱을 낳고,
야곱은 열두 아들을 낳았어요.

야곱의 아들 중에 요셉이라는 아들도 있었어요.
하나님의 약속을 굳게 믿은 요셉은
아버지의 사랑을 듬뿍 받으며 자랐어요.

형들은 아버지의 사랑을 많이 받은 요셉을 질투해,
요셉이 이집트로 팔려가게 했어요.
요셉은 이집트에서 남의 집 하인으로 살아야 했고
억울하게 옥살이까지 하게 되었답니다.

요셉은 낯선 땅에서 힘들게 살았지만
그때마다 조상 아브라함에게 주셨던
하나님의 약속을 떠올렸어요.

"밤하늘의 별보다 많은 민족의 조상이 될 것이다!"

마침내 하나님께서는 요셉을 찾아오셔서
감옥에서 나오게 하셨고 이집트의 총리가 되게 하셨어요.

요셉은 자신을 팔았던 형들을 용서하고,
아버지 야곱과 모든 형제들을 이집트로 불러 보살펴 주었지요.
그들은 이집트에서 많은 자손을 얻어
이스라엘이라는 큰 민족을 이루었답니다.

이제 내가 너를 바로에게 보내어 너에게 내 백성 이스라엘 자손을
애굽에서 인도하여 내게 하리라_출애굽기 3:10

2막. 약속의 땅을 향하여

모세	30
광야	38
여호수아와 약속의 땅	40

모세

400년이 흘렀어요.
이스라엘 사람들은 엄청나게 불어났지요.
이집트 왕은 덜컥 겁이 났어요.
"이스라엘 자손들의 숫자가 많아지면 이집트가 위태로워질 것이다!"
이집트 왕은 이스라엘 백성들을 노예로 만들고,
그들에게서 아들이 태어나면 모두 죽이라고 했어요.

노예들은 불안 속에서 몹시 힘들게
일하며 고통스러워했어요.
"아, 하나님!"
신음 소리를 들으신 하나님은
모세를 이집트 왕에게 보냈어요.

모세는 원래 이스라엘 사람이었지만,
이집트 왕이 이스라엘 사람들이 아들을 낳으면
다 죽이라고 할 때,
부모님이 몰래 강물에 띄워 보낸 아이였지요.

그런데 이집트의 공주가
그 아이를 발견하고는 데려다가 자기 아들로 키워서,
모세는 장차 왕이 될 수도 있는 왕자로 자라게 되었어요.

하나님께서는 태어나자마자 죽을 수밖에 없었던
모세를 보호해 이집트의 왕자로 자라게 하셨지요.

"**왕이시여,** 하나님께서 이스라엘 백성을 광야로 보내 하나님을 기념하는 절기를 지키게 하라고 하십니다."

모세는 이집트 왕에게 하나님의 명령을 전했어요.
하지만 왕은 듣지 않았어요.

하나님께서는 열 가지 재앙으로 이집트 왕을 굴복시키셨어요.
드디어 백성들은 노예에서 해방되었지요.
하나님께서 구원의 약속을 잊지 않으셨던 거예요.

백성들은 자유의 몸이 되어 고향땅을 향해
긴 행진을 시작했답니다.

광야

고향땅까지는 40일 정도 걷는 거리였어요.
광야는 끝없이 이어졌고, 백성들은 배도 고팠어요.
뜨거운 태양 아래서 그들은 서서히 지쳐 갔지요.

"차라리 그곳에서 죽는 게 나을 뻔 했소!
이러다가 모두 굶어 죽겠소!"

불평을 들으신 하나님은 낮에는 구름 기둥으로,
밤에는 불기둥으로 백성들을 보호하셨어요.
만나와 메추라기로 먹이셨고요.
그렇게 한 걸음 한 걸음 이동했지요.

하지만 모세는 약속의 땅에 들어가지
못하고 죽었답니다.

여호수아와 약속의 땅

여호수아는 모세의 후계자였어요.
약속의 말씀을 굳게 믿은 여호수아는 용감했지요.

"하나님의 약속을 믿고 나를 따르시오!"

드디어 백성들은 약속의 땅, 가나안에 도착했어요.
40일이 아니라 40년이나 걸려서요.
중간 중간에 하나님의 말씀에 순종하지 않았던
결과이지요.

하나님께서는 광야에서 40년 동안 백성들을 훈련시켰던 거예요.
모세오경이라는 성경도 기록하게 하셨고,
율법과 제사법도 알려 주셨지요.

여호수아는 하나님의 명령대로 땅을 분배해
백성들에게 나눠 주었어요.
사사라는 직책을 만들어 왕이나 장군처럼
나라를 다스리고 지키게 했고, 판사처럼 재판도 했어요.

그들은 고향땅 가나안으로 돌아와 한동안 평안했답니다.

사무엘이 기름 뿔병을 가져다가 그의 형제 중에서 그에게 부었더니
이날 이후로 다윗이 여호와의 영에게 크게 감동되니라
사무엘이 떠나서 라마로 가니라 _사무엘상 16:13

3막. 왕들의 이야기

왕의 시대	46
하나님의 사랑	54
400여 년의 침묵기	56

왕의 시대

사람들의 평화는 오래가지 못했어요.

"사사들 말고 우리 중에서 왕을 세워 주시오!"
"이러지 마십시오, 하나님이 우리의 왕이십니다!"

백성들이 계속해서 불평하자 하나님께서는
그들의 요구대로 하라고 하셨어요.
대신, 왕 때문에 많은 어려움이 있을 거라 경고하셨지요.

이렇게 첫 번째 왕 사울이 세워졌어요.
사울은 하나님의 약속을 잊고 제 맘대로 나라를 다스렸어요.
하나님께서는 사울 왕을 버리고 다윗을 준비시키셨답니다.
다윗은 하나님께 순종하는 왕이었어요.

다윗이 죽자, 아들 솔로몬이 왕이 되었어요.
솔로몬은 하나님의 설계대로 성전도 짓고
슬기롭게 재판하며 나라를 이끌었어요.

솔로몬의 아들 르호보암 왕 때, 슬픈 일이 일어났어요.
같은 민족끼리 다투어 나라가 남과 북으로 나눠졌어요.
남쪽은 유다, 북쪽은 이스라엘이라 불렸고,
이스라엘은 분열된 왕국이 되었어요.

북 이스라엘은 하나님을 멀리하고 다른 신을 섬겼어요.
북 이스라엘은 결국 200년 만에 망하게 되었지요.

남 유다는 순종과 불순종을 반복하며 위태롭게 살았어요.
유다가 세워진 지 400년도 안 되어 바벨론의 침략을 받았고,
많은 사람들이 포로로 잡혀갔어요.
왕도 없고 주권도 없어진 남 유다는
아무런 힘이 없는 나라가 되었답니다.

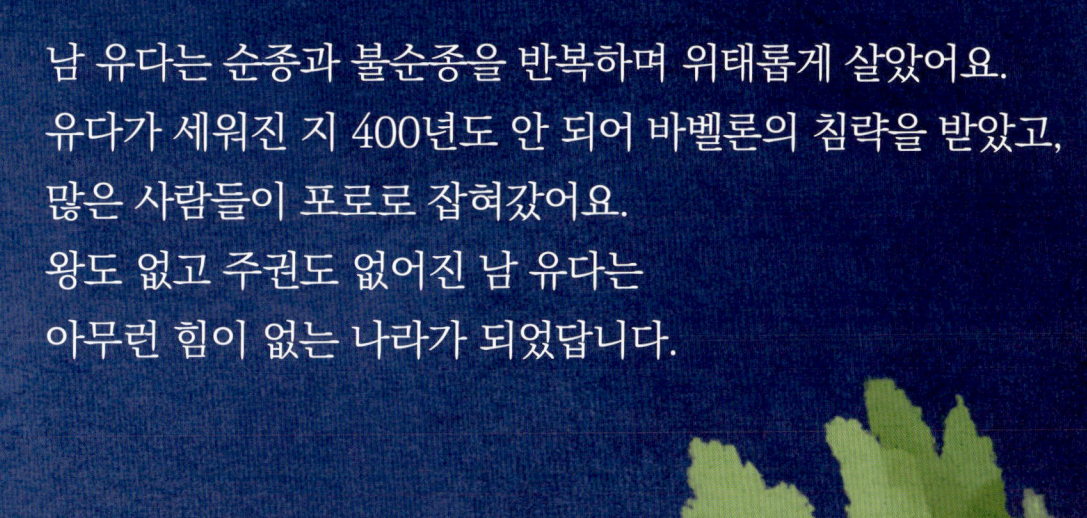

하나님께서는 이스라엘이 바벨론, 페르시아 등
여러 나라의 지배를 받던 시기에도
다니엘, 느헤미야, 에스더와 같은 사람들을 세워
약속을 지키셨어요.
그들은 모두 하나님의 약속을
굳게 믿은 사람들이었지요.

400여 년의 침묵기

어느 날부터 하나님께서는 침묵하셨어요.
400여 년 동안 어떤 곳에도 나타나지 않으셨지요.
완전히 떠나신 걸까요?

그럴리가요!
구원자를 보내시겠다는 하나님의 약속은
여전히 살아 있었어요.

아들을 낳으리니 이름을 예수라 하라 이는
그가 자기 백성을 그들의 죄에서 구원할 자이심이라
하니라 _마태복음 1:21

4막. 이 땅에 오신 예수님

구원자 예수님의 탄생	60
영원히 사는 법 · 기쁜 소식	64
십자가	68

구원자, 예수님의 탄생

400여 년이 흘러…

깜깜한 밤, 베들레헴의 마구간에서 한 아이가 태어났어요.
구원자 '예수님'이셨지요.

"다윗의 동네에 너희를 위하여 구주가 나셨다!"

아담과 하와가 에덴동산에서 쫓겨난 후,
구원자를 보내겠다는 약속을 하나님께서 지키신 거예요.

예수님은 지혜가 넘치는 사람으로 무럭무럭 자라셨어요.
그리고 다른 사람들처럼 세례 요한에게 세례를 받으셨어요.

세례를 받으신 후, 예수님이 기도하실 때였어요.
"너는 내 사랑하는 아들이라!"
하늘에서 웅장한 음성이 들려왔답니다.

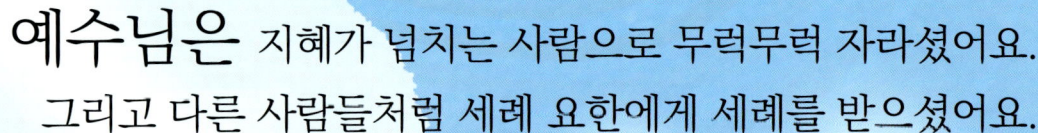

세례 요한은 예수님에 대해
"보라 세상 죄를 지고 가는
하나님의 어린양이로다"
라고 외쳤습니다.

영원히 사는 법 기쁜 소식

예수님은 죄인을 부르러 왔다고 말씀하셨어요.
또 예수님을 본 자는 하나님을 본 것과 같다고 하시며,
"나와 하나님은 같다"라고 하셨어요.

하나님께서 직접 죄의 문제를 해결해,
우리를 영원히 살게 하시려고
우리와 같은 사람으로 오신 분이 예수님이셨어요.

인간의 죄를 대신 해결하려면 인간이어야 했고,
인간의 죄를 책임지려면 죄가 하나도 없어야 했기 때문에
하나님께서 사람이 되신 것이에요.

예수님은 열두 제자를 세워
병자를 고치시고,
가난한 자를 돌보시면서
'기쁜 소식'을 전하셨어요.

"하나님이 세상을 이처럼 사랑하사 독생자를 주셨으니 이는 그를 믿는 자마다 멸망하지 않고 영생을 얻게 하려 하심이라" (요한복음 3:16)

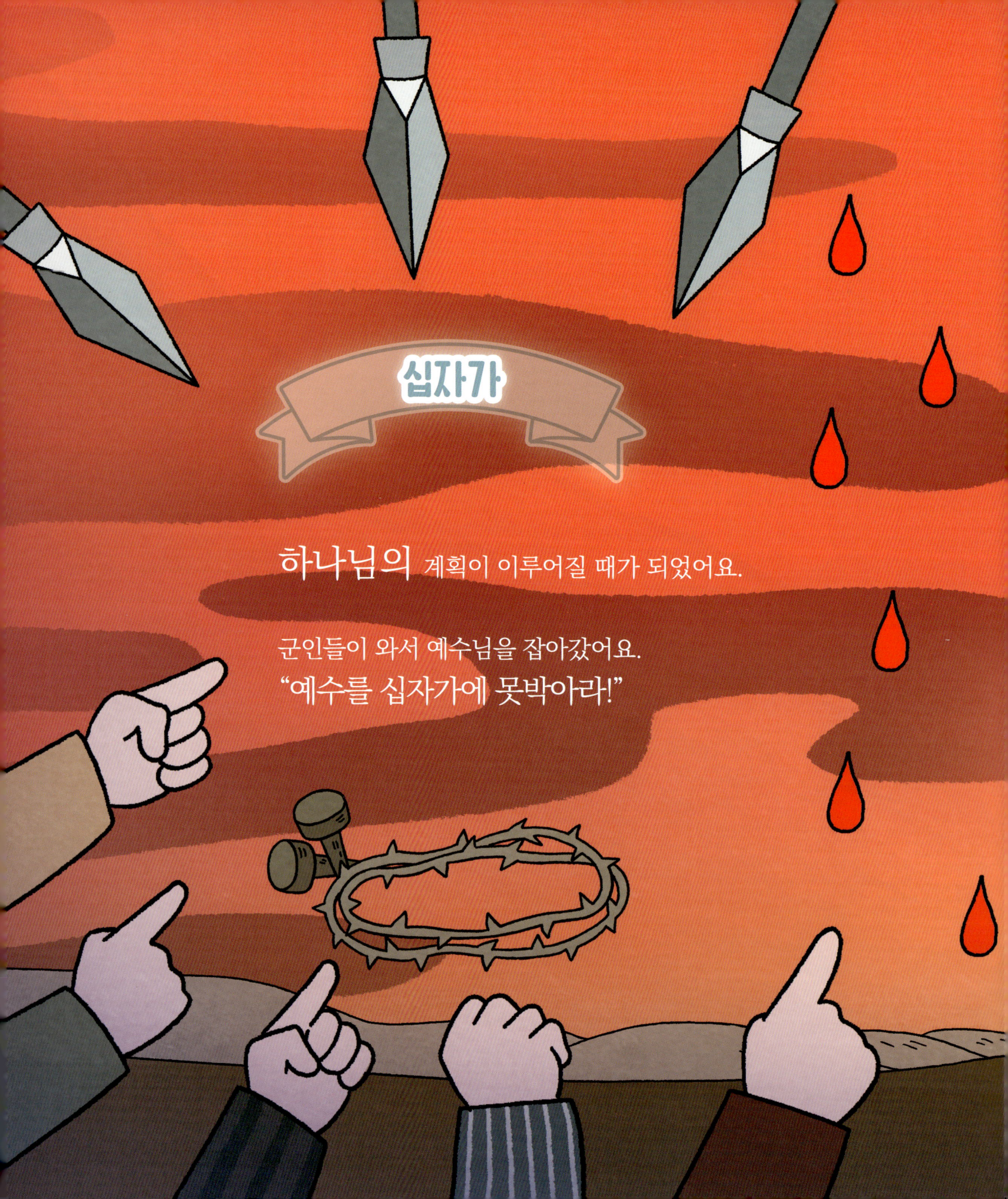

십자가

하나님의 계획이 이루어질 때가 되었어요.

군인들이 와서 예수님을 잡아갔어요.
"예수를 십자가에 못박아라!"

흠도 죄도 없으신 예수님은
십자가에 못박혀 죽으셔야만 했어요.
하나님과 한 약속을 끊임없이 지키지 않는
우리를 대신해서요.

그 길만이 우리가 다시 하나님의 자녀가 되는
유일한 길이었어요.
아담과 하와가 쫓겨난 후
하나님께서 세우신 구원의 약속은 바로,
하나님 자신이 우리를 위해
죗값을 대신 치르시는 것이었지요.

예수님은 마지막으로 "다 이루었다"라고
말씀하시고 눈을 감으셨어요.
"내가 대신 다 갚아 주었다"라는 뜻이었지요.
이렇게 해서 우리의 죄 문제가 해결된 거랍니다.

예수님을 믿고 영접하는 자에게는
다시 하나님의 자녀가 되는 권세를
주신다는 약속이 이루어진 것입니다.

"우리가 아직 죄인 되었을 때에
그리스도께서 우리를 위하여 죽으심으로
하나님께서 우리에 대한 자기의 사랑을
확증하셨느니라"(로마서 5:8)

너희 가운데서 하늘로 올려 지신 이 예수는
하늘로 가심을 본 그대로 오시리라 _사도행전 1:11

5막. 약속의 예수님

부활	76
또 다른 약속	80
위대한 하나님 이야기	84

부활

이 위대한 이야기는 여기서 끝이 아니랍니다.
예수님은 돌아가시고 3일째 되는 날,
다시 살아나셨습니다.

'부활'은 우리를 다시 하나님의 자녀로
받아들이겠다는 약속이에요.
예수님을 믿기만 하면 우리도 그분처럼 부활하고,
영원히 살게 될 것을 알려 주신 거예요.

"만일 우리가 그리스도와 함께 죽었으면
 또한 그와 함께 살 줄을 믿노니"(로마서 6:8)

죄의 결과는 영원한 죽음이었어요.
그러나 예수님을 믿음으로 이제는 새 생명을 얻었어요.

"죄에서 해방시키시고 죽음에서 건져 주신 예수님,
 감사해요."
"아담과 하와에게 하신 약속을
 신실하게 지켜 주신 하나님, 찬양해요."

또 다른 약속

하나님은 약속을 지키셨어요.
그런데 아직 남아 있는 약속이 있답니다.
"내가 세상 끝날까지 너희와 항상 함께 있으리라"는
약속이지요.

그리고 다시 오실 거라는 약속이랍니다.

"너희 가운데서 하늘로 올려지신 이 예수는
하늘로 가심을 본 그대로 오시리라"
(사도행전 1:11)

예수님은 다시 오실 거예요. 우주의 왕으로, 심판자로요.
그때 세상 사람들은 예수님이 강하고 능하신
왕 중의 왕이심을 알게 될 거예요.

그날이 언제인지는 아무도 몰라요.
하지만 이 순간에도 예수님은 성령님으로 우리와 함께 계시고,
우리의 왕으로 다스리고 계시지요.

하나님을 사랑하고 구원의 약속을 믿는 사람은
새 하늘과 새 땅에서 하나님과 영원히 살게 될 거예요.
태초에 에덴동산에서 하신 약속처럼
하나님의 완벽한 자녀로 말이지요.

약속하신 대로! 영원 영원히!

위대한 하나님 이야기

여러분은 방금 이 위대한 하나님 이야기를
읽었지만, 이것이 끝이 아니랍니다.
여러분도 이 위대한 하나님 이야기 속
주인공이 될 수 있어요.
그래서 예수님을 모르는 사람들에게
이 놀라운 하나님의 약속을 전할 수 있답니다.

"나도 이 위대한 하나님 이야기의
한 부분이 되고 싶어요!"

■ 국제제자훈련원은 건강한 교회를 꿈꾸는 목회의 동반자로서 제자 삼는 사역을 중심으로 성경적 목회 모델을 제시함으로 세계 교회를 섬기는 전문 사역 기관입니다.

하나님의 위대한 약속

초판 1쇄 인쇄 2024년 3월 26일
초판 1쇄 발행 2024년 4월 09일

글 주연종 **그림** PICOK x Team GROO **감수** 황복실
기획 사랑의교회 포에버 평생교육원
낭독 양미선 **녹음·편집** 슈퍼킹사운드
기획지원 PICOK

펴낸이 오정현
펴낸곳 국제제자훈련원
등록번호 제2013-000170호(2013년 9월 25일)
주소 서울시 서초구 효령로68길 98(서초동)
전화 02)3489-4300 **팩스** 02)3489-4329
이메일 dmipress@sarang.org

저작권자 ⓒ주연종,팀그루 2024
이 책은 저작권법에 의해 보호를 받는 저작물이므로 저자와 출판사의 허락 없이
내용의 일부를 인용하거나 발췌하는 것을 금합니다.

ISBN 978-89-5731-897-3 07230

※ 책값은 뒤표지에 있습니다. 잘못된 책은 구입하신 곳에서 교환해드립니다.